年長～
小学校
中学年

SPY×FAMILY（スパイファミリー）ワークブック

ステラ
めざして
がんばる
ます！

新学習指導要領対応

キャラクター原作
遠藤達哉

監修
玉川大学名誉教授
佐藤久美子

すべてのワークを
やりおえたら、ここに
ステラ（星）シールを
はろう！

集英社

もくじ

アーニャ

孤児院にいたがロイドに引き取られる。心を読むことができる。

ロイド

スパイ〈黄昏〉の仮のすがた。任務のためアーニャを引き取りイーデン校に入学させる。

ヨル

市役所で働くが、裏の顔は殺し屋。ロイドとかりそめの夫婦になる。

ボンド

アーニャにひろわれた大型犬。予知能力がある。

ダミアン

大物政治家のむすこ。イーデン校に通っている。

ベッキー

大企業CEOのむすめ。イーデン校に通っている。

フランキー

ロイドに協力する情報屋。

この本のつかいかた

★2ページで1回分のワークになっています。

♪ マーク　音声を聞く活動です。音のあとにつづいて発音したり、内容にあうものをさがしたりしましょう。

✎ マーク　えんぴつをつかう活動です。文字をなぞったり、書いたり、線をつないだり、色をぬったりしましょう。

シール マーク　シールをはる活動です。

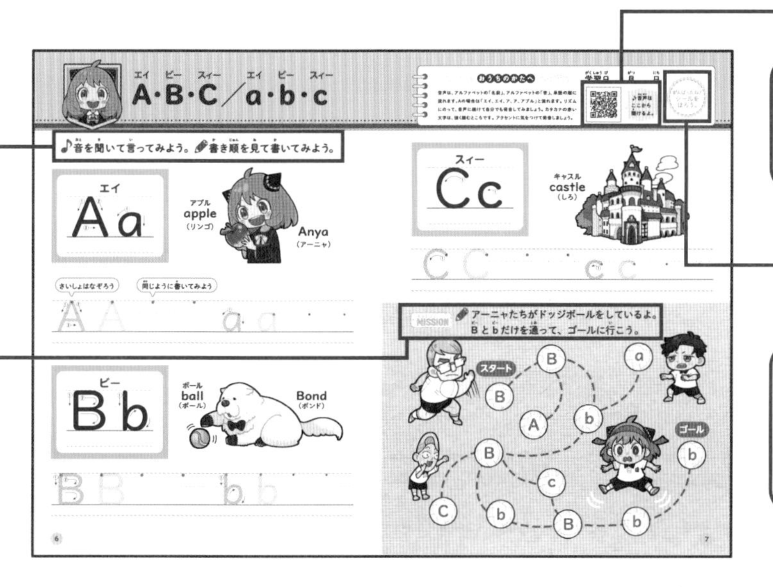

二次元コードから音声を聞きましょう。

ワークがおわったら「がんばったね！シール」を1まいはりましょう。

★MISSIONなどに出てくるたんごも、音声で聞くことができます。

★たんごの前にある①、②などの数字は、音声が流れる順番をあらわしています。

★ワークをおえたらこたえあわせをしましょう。こたえは46～48ページにあります。

★すべてのワークをやりおえたら、さいしょのページにステラ（星）のシールをはりましょう。

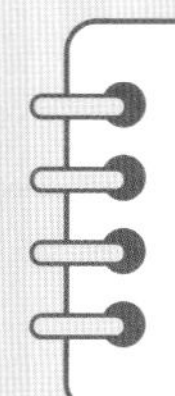

おうちのかたへ

二次元コードをタブレット端末やスマートフォンなどで読み取ると、英語の音声を聞くことができます。できるだけたくさん音声を聞いて、発音をまねしてみましょう。

次のURLからもアクセスできます。
https://kids.shueisha.co.jp/sp/anya/audio.html

アーニャといっしょに英語を学ぼう！

どうして英語を勉強するの？

せかいには、英語を話す人びとがたくさんいます。英語はアメリカやイギリスのことばであるだけではなく、世界中でつかわれるこくさい共通語。だから英語を話すことができれば、いろいろな国の人と自由に会話ができます。海外で活やくするスポーツせんしゅや歌手も英語を勉強して、チームメイトと話したり英語で歌ったりしていますね。みなさんが大人になるころには、会社でも外国の人と英語で仕事をするようになるかもしれませんよ。

さて、みなさんは『SPY×FAMILY』が好きですか？　とってもワクワクするお話ですね。アーニャたちといっしょに英語を学びましょう！　英語で書いたり話しかけたりすることができるようになれば、みなさんのせかいが広がりますよ！

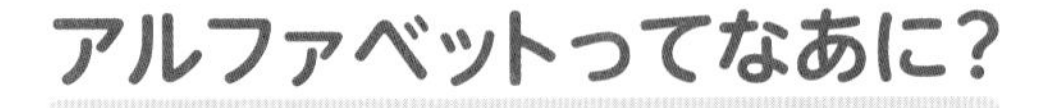

アルファベットってなあに？

英語の文字のことを、アルファベットと言います。アルファベットには大文字と小文字があります。

大文字

A B C D E F G H I J K L M N O P Q R S T U V W X Y Z

小文字

a b c d e f g h i j k l m n o p q r s t u v w x y z

文や名前のはじめは大文字！

それいがいは小文字！

My name is Anya.（わたしの名前はアーニャです。）

おうちのかたへ

- アルファベットの書き順は一通りではありません。本書では目安として載せていますが、お子さんの書きやすいように書いてもかまいません。
- アルファベットの「音」を、文字、単語に結び付けて学ぶのがフォニックスです。
  本書ではアルファベットの「名前」とともに、フォニックスの基本を学ぶ音声も聞けるようになっていますので、単語が自然に読めるようになります。
- 本書では、アルファベットや単語、文の上に、補助として英語の発音に近い読みかたをカタカナで記載しています。赤色の部分はアクセントがあるので、強く発音します。教材や辞書によって表記が異なる場合もあるので、英語の音をしっかり聞いて、まねして正しい発音をすることをお勧めします。

英語を発音してみよう!

アルファベットの26文字には、A「エイ」、B「ビー」、C「スィー」のように一文字ずつ「名前」の読みかたがあります。しかし、文字がつながって単語になるときは、A「ア」、B「ブ」、C「ク」のようなそれぞれの「音」をつなげて読みます。インクを表すinkは「インク」と発音し、「アイエンケイ」とは読みません。

アイ エン ケイ

i n k

アルファベットの 音

イ ン ク

英語は強く読むところに気をつけて発音します。この本では、カタカナの赤い文字が強く読むところです。音声を聞いて、まねしながらたくさん発音してみましょう。

監修者のことば

―― 英語で子どもの可能性を広げよう ――

小学校では3年生から英語が「外国語活動」として必修となりましたが、1年生から実施する市区町村も増えてきました。特に幼い子どもは耳が良いので、苦労せず英語を聞き取り反復しながら、上手に話せるようになります。また、文字に早くから親しむと、英語の単語や表現も定着するという利点があります。外国語や外国人に子どもの頃より親しむことで、異なるものを受け入れる寛容な心、自分の考えや思いを伝えられるコミュニケーション能力が身につきます。アーニャとともに楽しく英語に触れながら、子どもたちの可能性が広がることを心から祈っています。

監修:佐藤 久美子

玉川大学・大学院名誉教授。専門は言語心理学・英語教育。乳幼児の言語獲得・発達を研究し、その研究成果や知見に基づく英語教育を提案している。NHKラジオ「基礎英語」の講師を長年務め、また、NHK Eテレ「えいごであそぼ」の総合指導ほか、多くの教育委員会や小学校にて英語研修講師として講演を行う。

A・B・C／a・b・c

エイ　ビー　スィー　エイ　ビー　スィー

♪音を聞いて言ってみよう。✎書き順を見て書いてみよう。

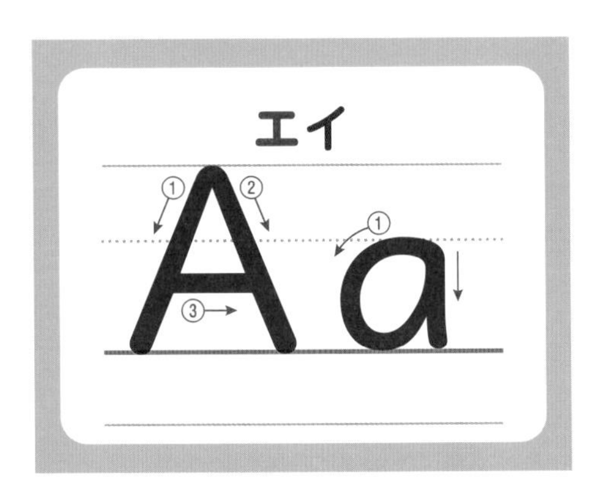

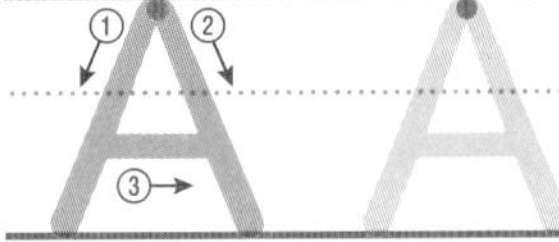

同じように書いてみよう

おうちのかたへ

音声は、アルファベットの「名前」、アルファベットの「音」、単語の順に流れます。Aの場合は「エイ、エイ、ア、ア、アプル」と流れます。リズムにのって、音声に続けて自分でも発音してみましょう。カタカナの赤い文字は、強く読むところです。アクセントに気をつけて発音しましょう。

学習日（がくしゅうび）　月（がつ）　日（にち）

♪音声（おんせい）はここから聞（き）けるよ。

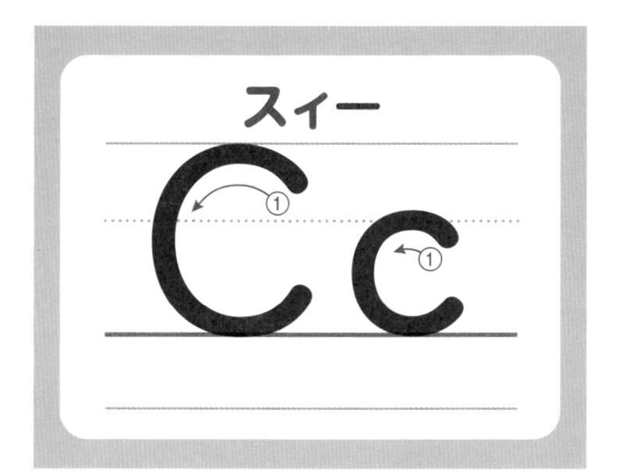

キャスル
castle
（しろ）

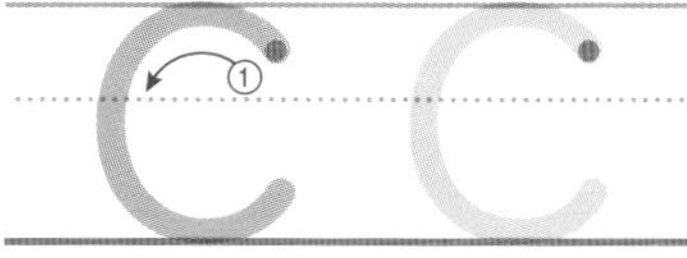
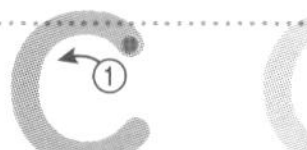

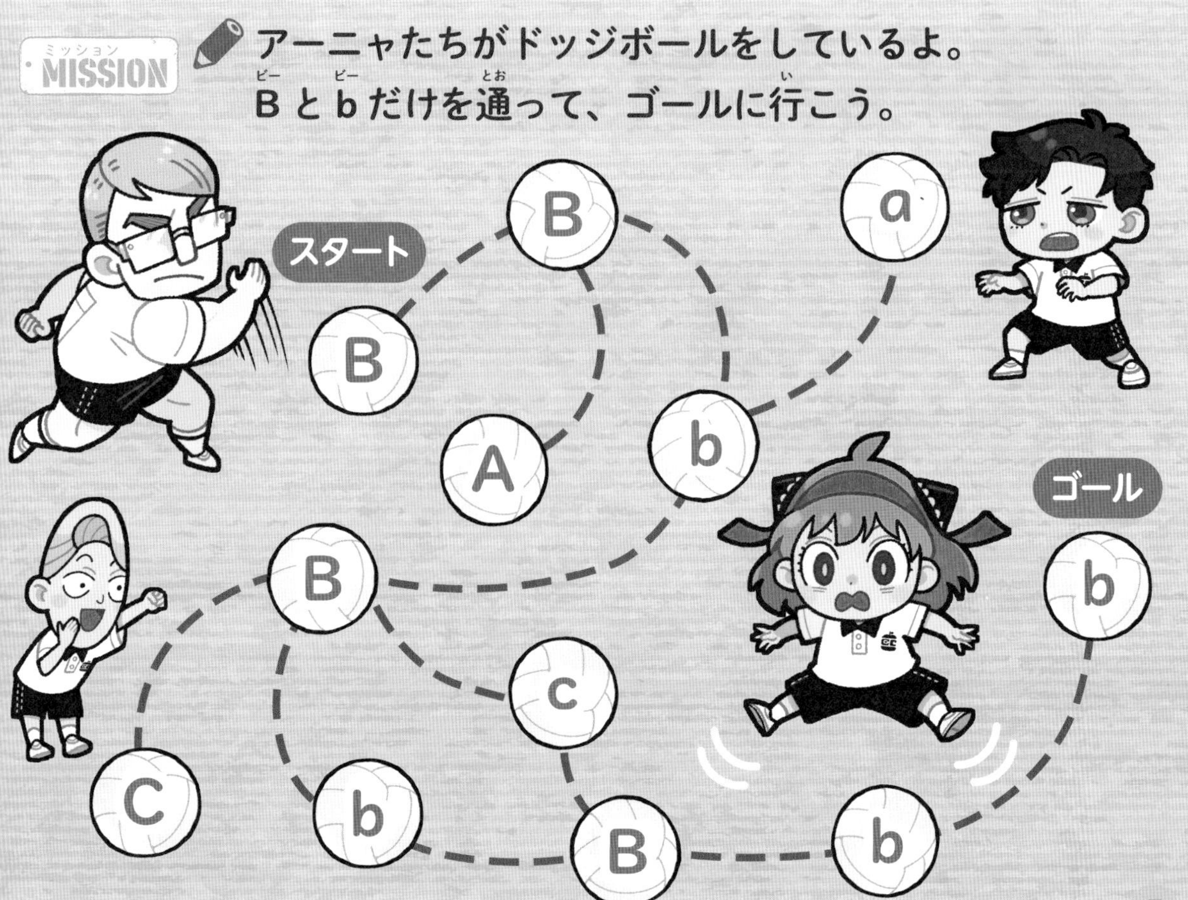

ミッション **MISSION**

アーニャたちがドッジボールをしているよ。
B（ビー）とb（ビー）だけを通（とお）って、ゴールに行（い）こう。

D・E・F／d・e・f

ディー イー エフ／ディー イー エフ

♪ 音（おと）を聞（き）いて言（い）ってみよう。✎ 書（か）き順（じゅん）を見（み）て書（か）いてみよう。

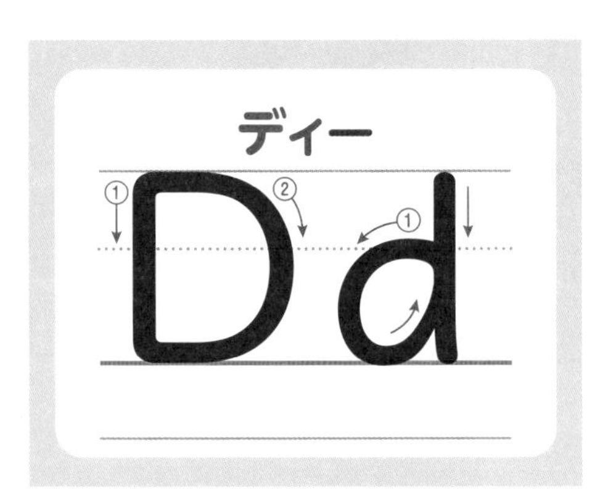

さいしょはなぞろう

同（おな）じように書（か）いてみよう

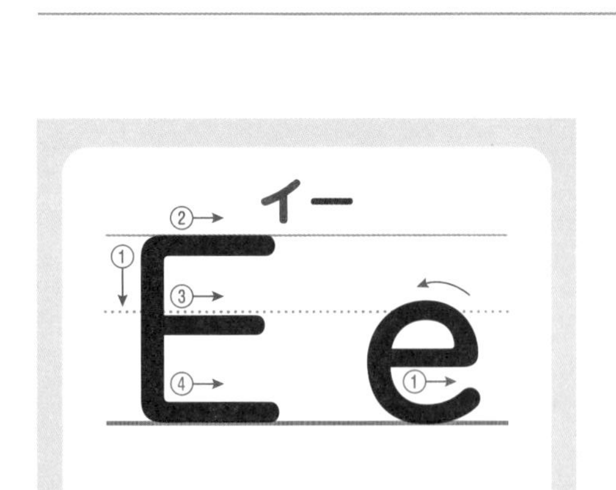

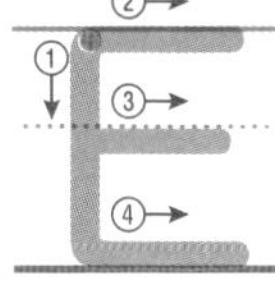

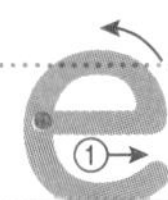

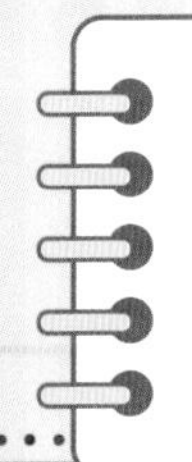

おうちのかたへ

大文字はすべて一番上の線と赤色の線（基線）の間に書きますが、小文字の高さは文字によって異なります。「始まりの点（•）はどこかな？」と声かけして意識させるといいですね。音声を聞き、まねをして「ドゥ、ドゥ、ディナァ」と言ったのち、dで始まるほかの単語を探しても楽しいですよ！

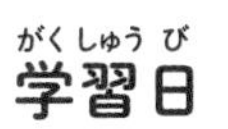
学習日（がくしゅうび）　月（がつ）　日（にち）

♪音声（おんせい）はここから聞（き）けるよ。

ファーザァ
father
（父（ちち）、お父（とう）さん）

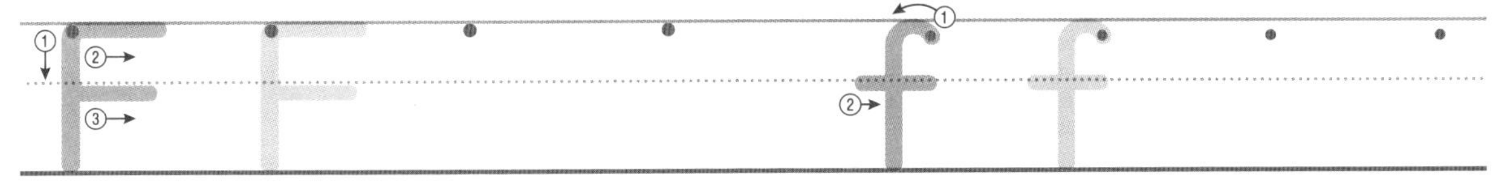

D（ディー）は茶色（ちゃいろ）、d（ディー）はピンク色（いろ）にぬろう。
どんなおかしが出（で）てくるかな。

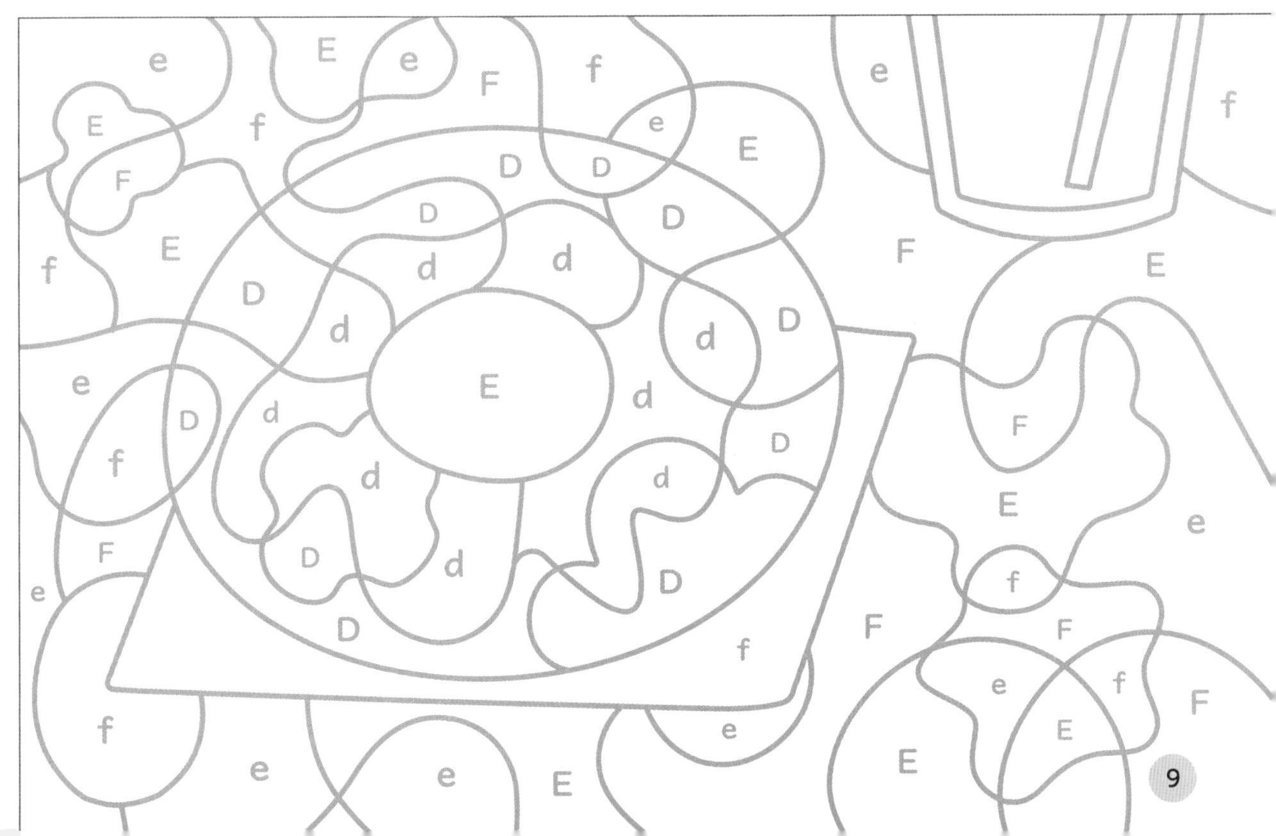

ジー　エイチ　アイ　ジー　エイチ　アイ
G・H・I／g・h・i

♪音(おと)を聞(き)いて言(い)ってみよう。✎書(か)き順(じゅん)を見(み)て書(か)いてみよう。

ゴリラ
gorilla
（ゴリラ）

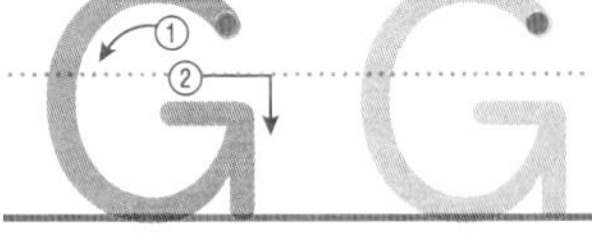

同(おな)じように書(か)いてみよう

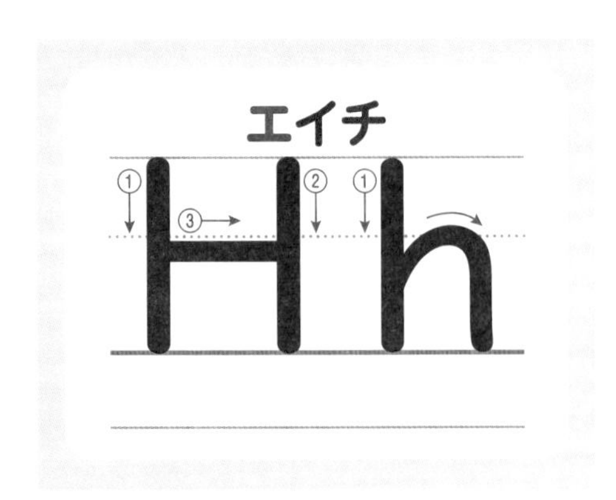

ハンド
hand
（手(て)）

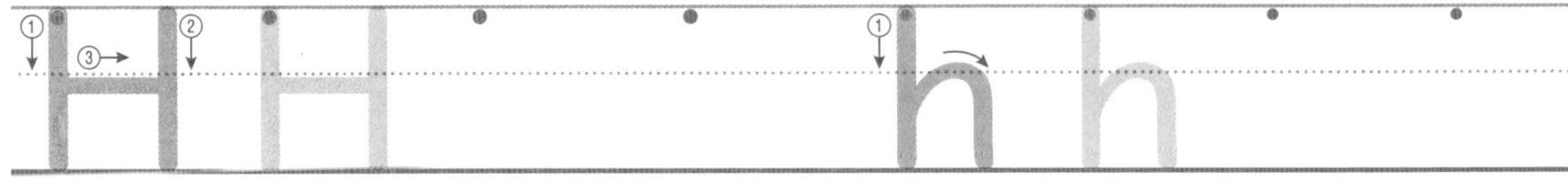

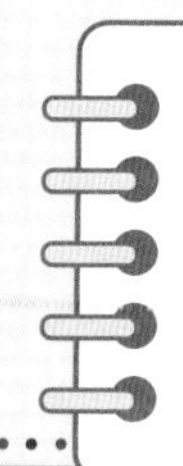

おうちのかたへ

単語などについているカタカナの赤い文字は、強く読むところです。gorillaは日本語と英語とでアクセントが異なります。英語の音声を聞いて「ゴリラだね」とおうちのかたも一緒に発音しましょう。英語らしく発音すれば、「英語が話せた！」という自信につながります。

学習日（がくしゅうび）　月（がつ）　日（にち）

♪音声はここから聞けるよ。

アイ

I i

インク
ink
（インク）

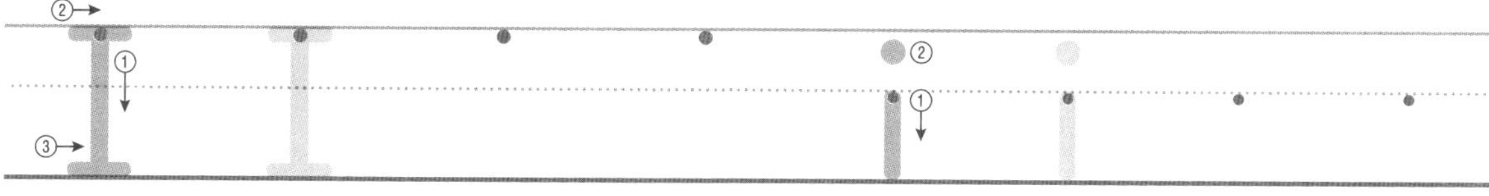

MISSION（ミッション）

アーニャがアイスクリームをかいに行くよ。
Iとiだけを通って、ゴールまで行こう。

スタート

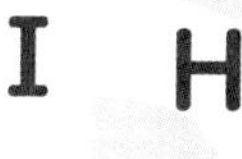

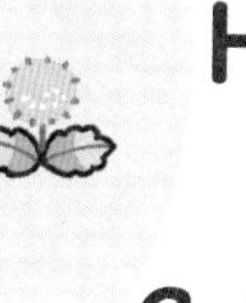

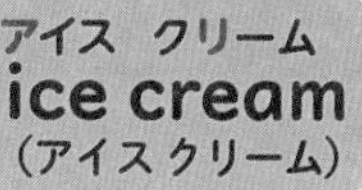

H g i I G I i G I H H i I i g g I i i I h G I i i I i h G

アイス クリーム
ice cream
（アイスクリーム）

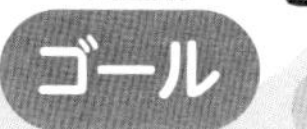

ゴール

ジェイ ケイ エル ジェイ ケイ エル
J・K・L／j・k・l

♪音(おと)を聞(き)いて言(い)ってみよう。✏書(か)き順(じゅん)を見(み)て書(か)いてみよう。

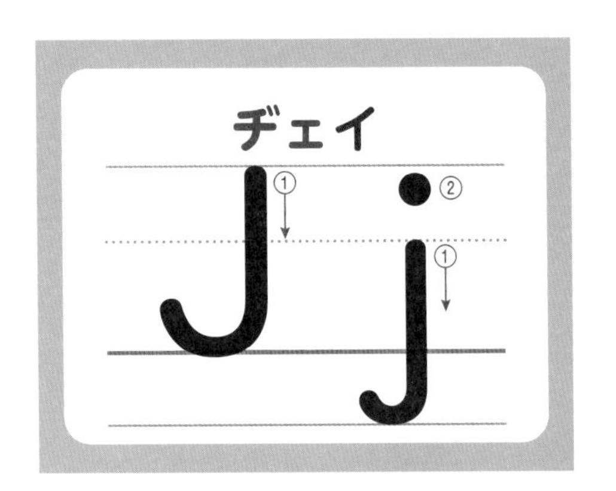

さいしょはなぞろう

同(おな)じように書(か)いてみよう

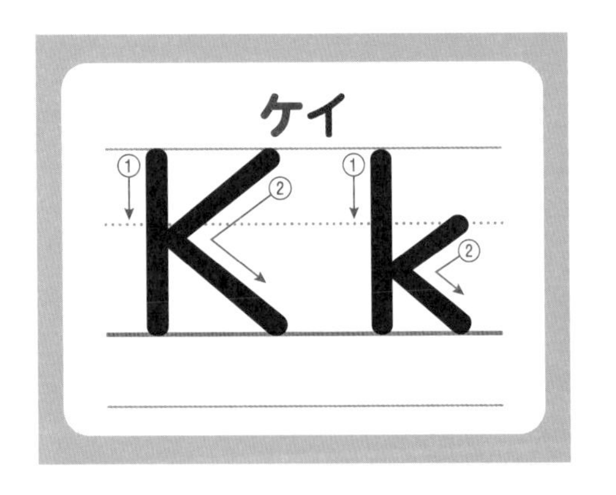

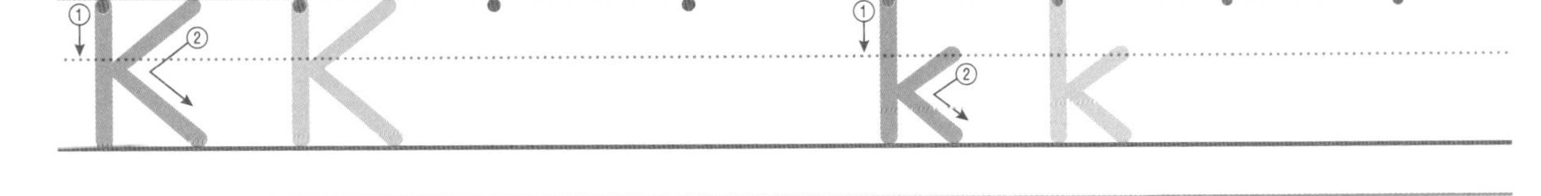

本書では、文字を練習するだけでなく、英語への興味を持たせる第一歩としての活動もできます！ 例えば、イラストを見ながら「アーニャがjuiceを飲んでいるね。Do you like juice?（ジュース好き?）Yes?」のように話しかけてみましょう。実際に食事をするときに同じやりとりをしてもいいですね。

♪音声はここから聞けるよ。

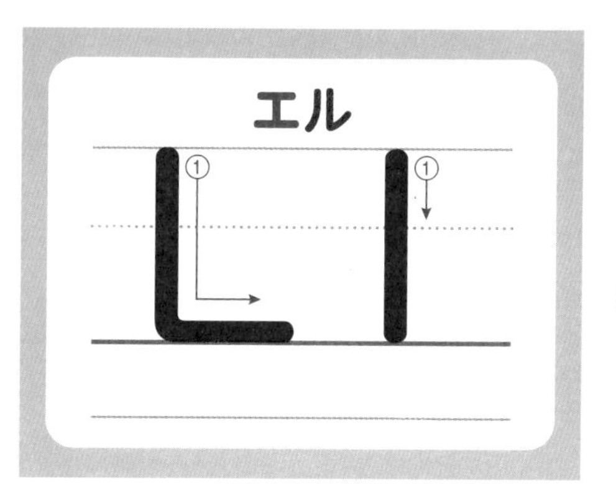

ランチ
lunch
（ランチ、昼食）

Loid
（ロイド）

L L l l

MISSION

アーニャとヨルがスーパーマーケットに来たよ。
jかkかlではじまる食べものだけを通ってゴールに行こう。

M・N／m・n

エム　エン　エム　エン

♪音を聞いて言ってみよう。　書き順を見て書いてみよう。

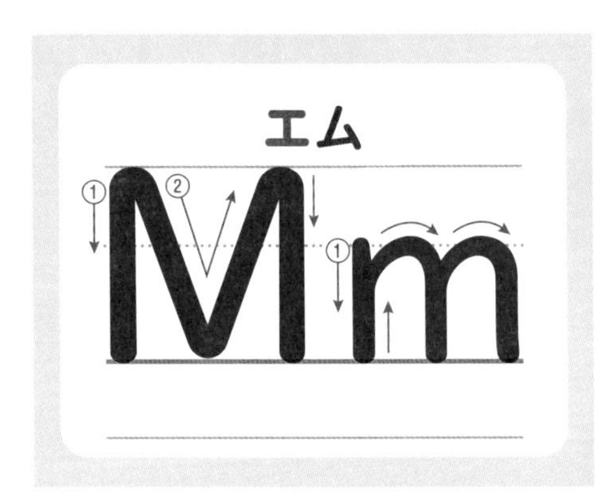

マザァ
mother
（母、お母さん）

さいしょはなぞろう

同じように書いてみよう

M M　m m

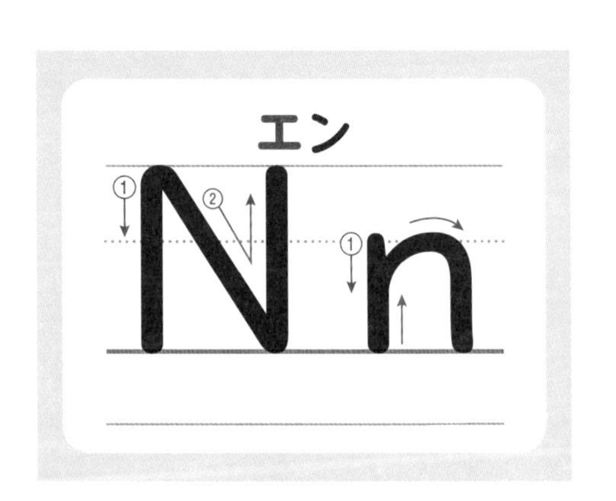

ノウトゥブク
notebook
（ノート）

N N　n n

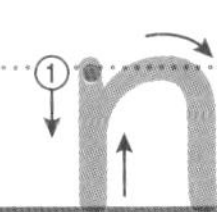

おうちのかたへ

MISSIONのコーナーではおうちのかたと「What's this?(これは何?)」「サル」「That's right.(その通り。) Monkey.」のようなやりとりをしながら考えましょう。答えがわかったらサルのジェスチャーをしてもいいですね。毎回「What's this?」と聞いていれば、自然に答えられるようになりますよ。

学習日　　月　　日

♪音声はここから聞けるよ。

がんばったね！シールをはろう。

MISSION

Mは茶色、mはうすいオレンジ色でぬろう。何のどうぶつが出てくるかな。

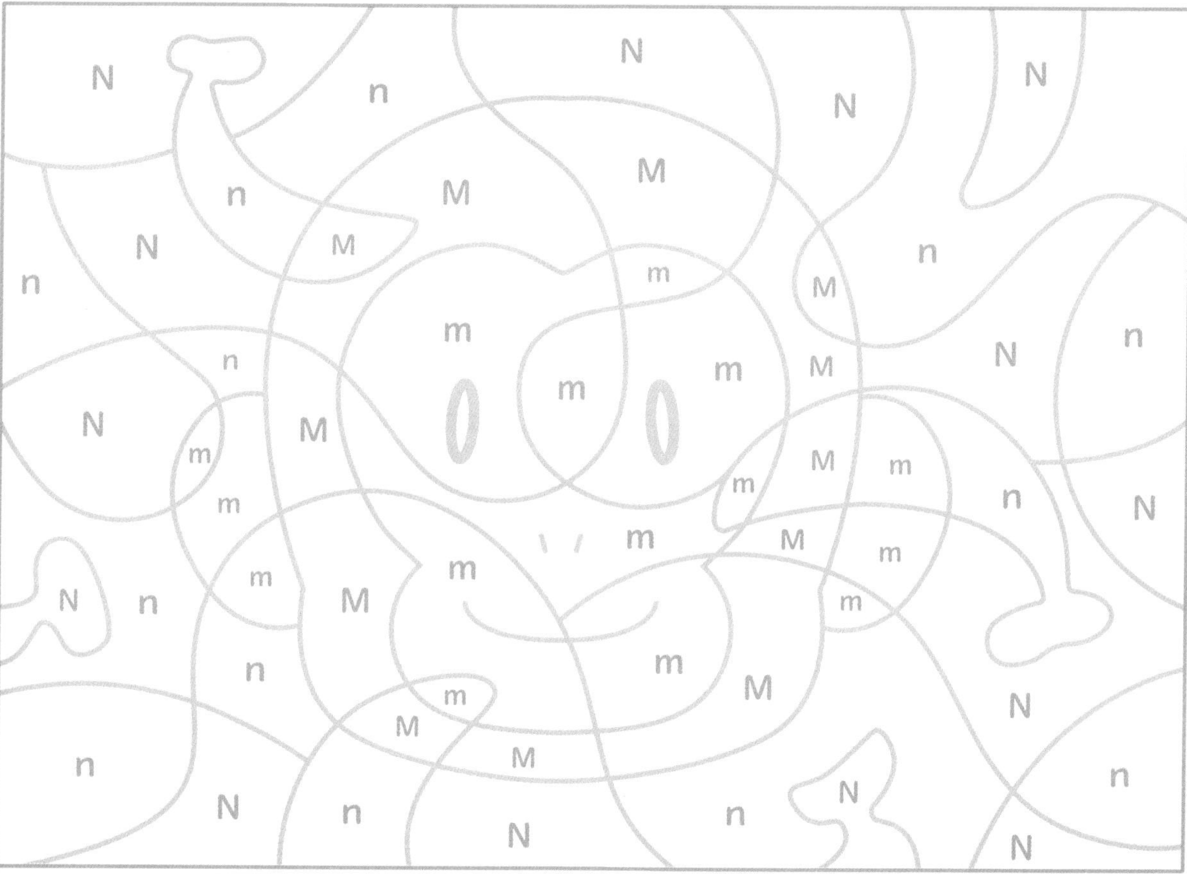

出てきたどうぶつの□に○をつけよう。

□ マンキィ **monkey** (サル)

□ マウス **mouse** (ハツカネズミ)

オウ ピー キュー オウ ピー キュー
O・P・Q／o・p・q

♪音を聞いて言ってみよう。✎書き順を見て書いてみよう。

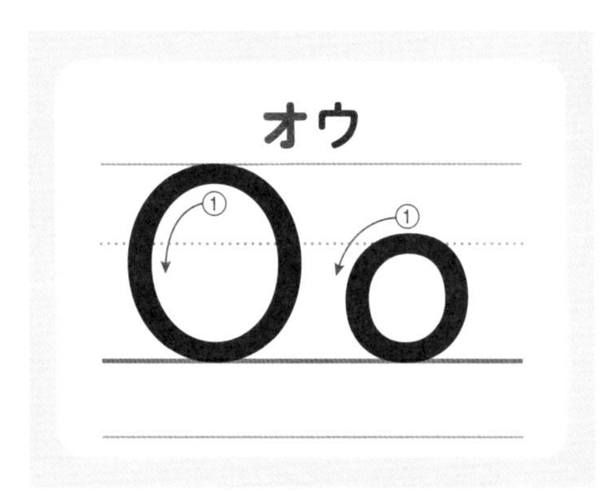

アクトパス
octopus
（タコ）

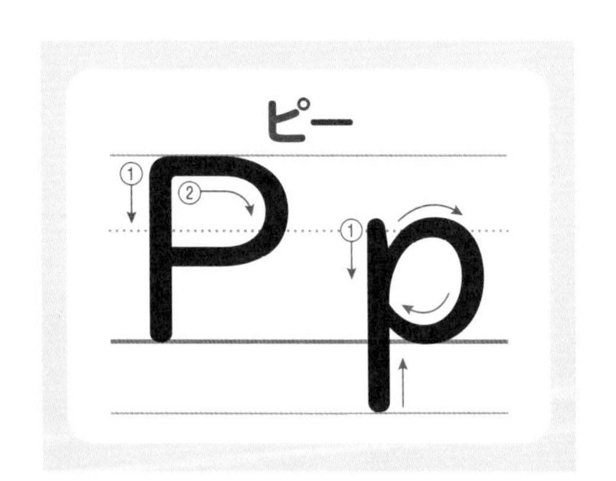

プディング
pudding
（プリン）

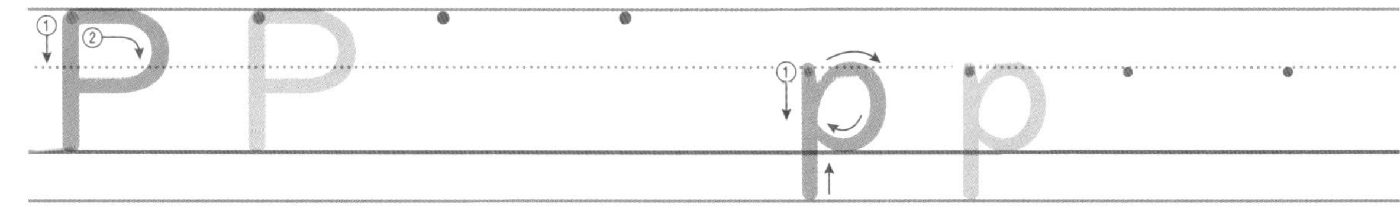

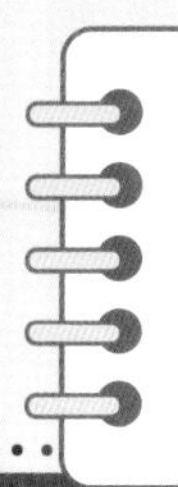

おうちのかたへ

学習日(がくしゅうび)　　月(がつ)　　日(にち)

「大文字はロイドみたいな大人の文字だよ。小文字はアーニャ、子どもの文字だよ。大文字のOと小文字のoは、高さが違うね！」「大文字のPはロイドみたいに背が高い。小文字のpはアーニャと一緒で背が低いね」「pとqは向きが反対だね」のように楽しく話しかけながら練習しましょう。

♪音声(おんせい)はここから聞(き)けるよ。

クウェスチョン
question
（しつもん）

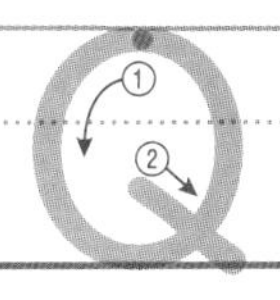

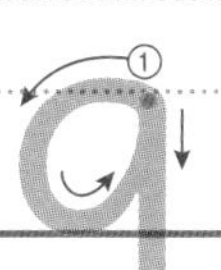

MISSION（ミッション）

アルファベットの大文字(おおもじ)と小文字(こもじ)が書(か)かれたカードがやぶれてしまったよ。正(ただ)しいペアになるように、●と●を線(せん)でつなごう。

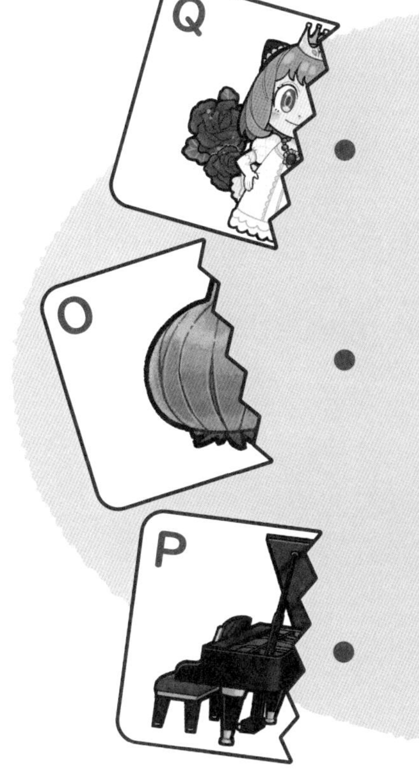

アニョン
onion
（タマネギ）

R・S・T／r・s・t

アー　エス　ティー　アー　エス　ティー

♪音を聞いて言ってみよう。 書き順を見て書いてみよう。

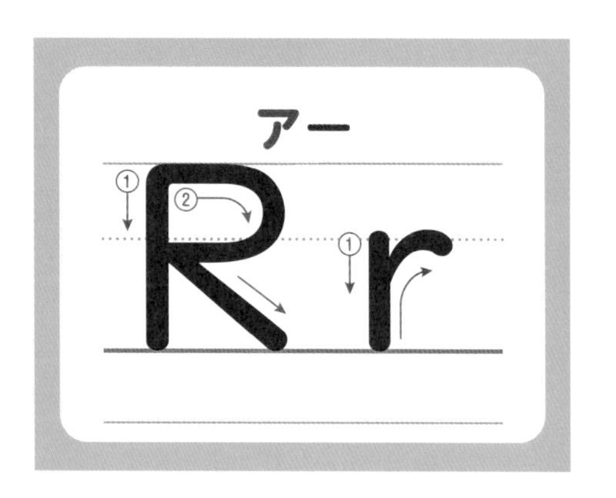

レストラント
restaurant
（レストラン）

さいしょはなぞろう

同じように書いてみよう

R R

r r

サカァ
soccer
（サッカー）

S S

s s

Rとしは、どちらも日本語にはない音です。英語では、この音を区別して発音することが大切です。riceは「ご飯」で、liceは「のみ」。全く意味が異なります。Rは舌を口の中のどこにもつけないように発音しましょう。Lは舌先を上の歯の裏の歯ぐきにつけて発音します。

学習日(がくしゅうび)　月(がつ)　日(にち)

♪音声(おんせい)はここから聞(き)けるよ。

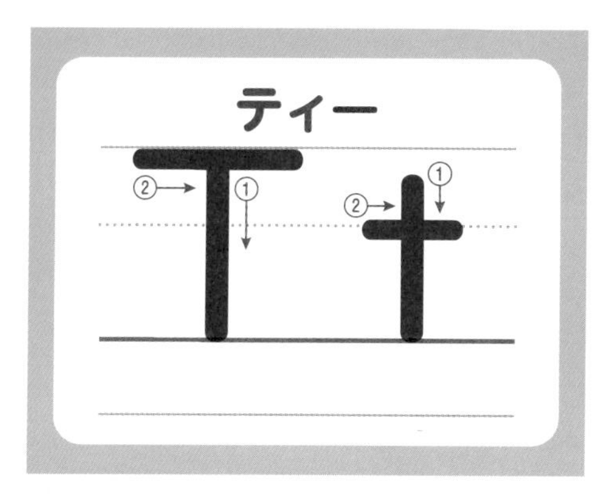

テニス
tennis
(テニス)

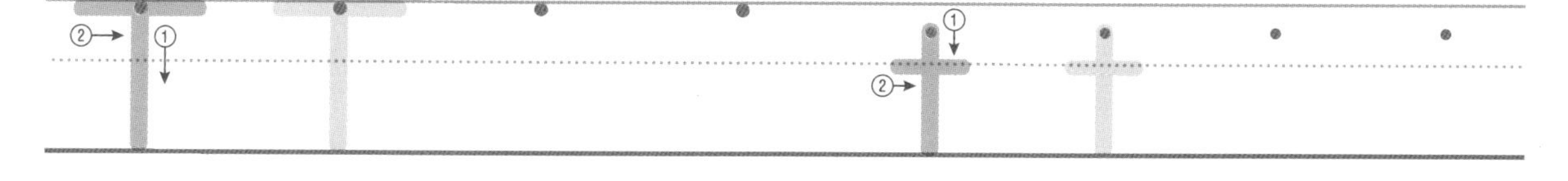

MISSION(ミッション)

ダミアンたちはどの道(みち)を通(とお)ってカヌーにのるのかな。R(アー)とr(アー)のついた道(みち)と橋(はし)だけを通(とお)って、ゴールに行(い)こう。

ユー ヴィー ダブリュー ユー ヴィー ダブリュー
U・V・W／u・v・w

♪音(おと)を聞(き)いて言(い)ってみよう。✏書(か)き順(じゅん)を見(み)て書(か)いてみよう。

アンブレラ
umbrella
（かさ）

さいしょはなぞろう

同(おな)じように書(か)いてみよう

U U u u

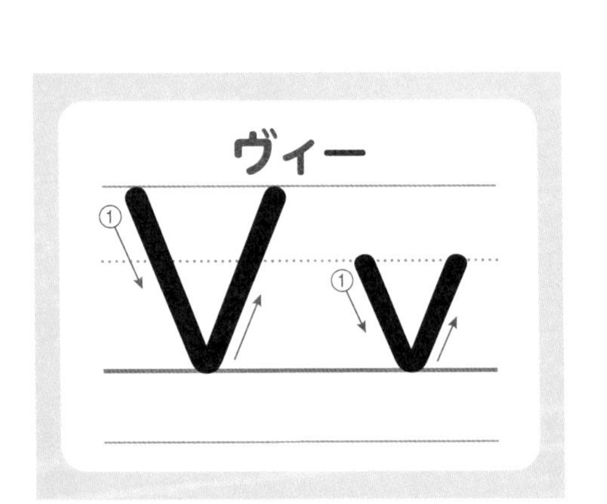

ヴァリボール
volleyball
（バレーボール）

V V v v

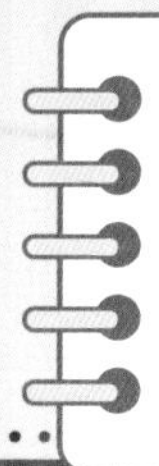

小文字のuは「最後に縦の棒があるね」と、大文字との形の違いに気づかせましょう。Vとv、Wとwは大きさが違う親子の文字です。Vは「ブイ」ではなく「ヴィー」と読みます。上の前歯を軽く下唇にあてると発音できます。

学習日　月　日

♪音声はここから聞けるよ。

ワッチ
watch
（うで時計）

れい のように、①〜③のたんごを見つけて ⬭ でかこもう。
たんごはたてにもよこにも かくれているよ。

a	n	s	e	w	k	
	p	v	t	a	o	b
n	w	i	n	t	e	r
d	h	o		e	j	f
i	q	l	a	r	e	c
u	n	i	f	o	r	m
	g	n	l	c	r	

れい
ウォータア
water
（水）

ユーニフォーム
①**uniform**
（せいふく）

ウィンタア
②**winter**
（ふゆ）

ヴァイオリン
③**violin**
（バイオリン）

X・Y・Z／x・y・z

エックス　ワイ　ズィー　エックス　ワイ　ズィー

♪音(おと)を聞(き)いて言(い)ってみよう。書(か)き順(じゅん)を見(み)て書(か)いてみよう。

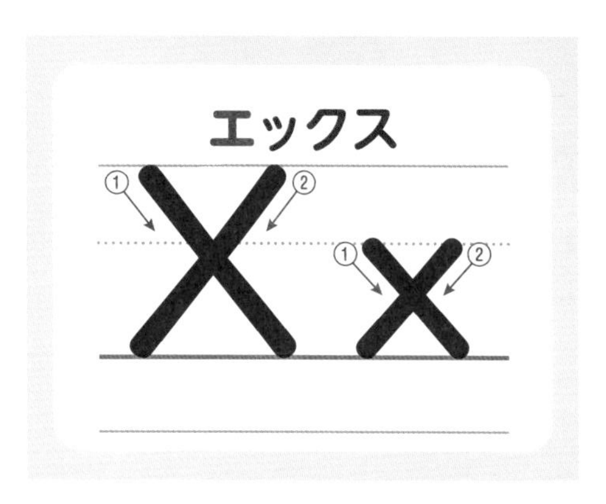

さいしょはなぞろう

同(おな)じように書(か)いてみよう

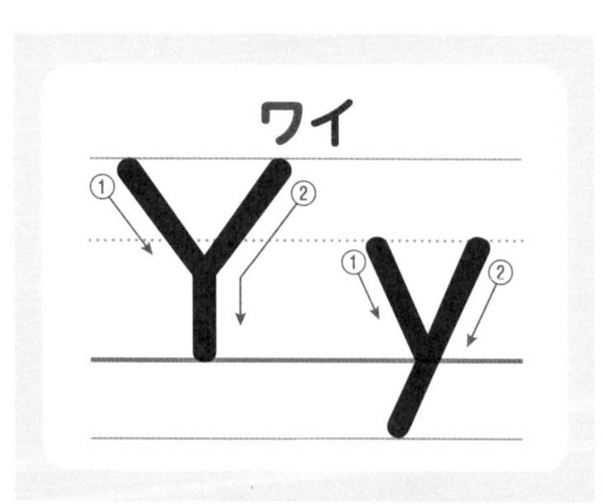

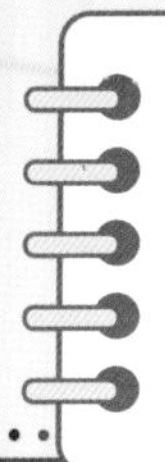

おうちのかたへ

XとxとZとzは大きさが違う親子の文字。Yは小文字ではyとなり、始まる位置も異なることに注意します。Xは単語の最初にくることが少ない文字です。音声を聞き、まねをして「クス、クス、バックス」のように発音してみましょう。Zは「ゼット」ではなく「ズィー」と発音します。

学習日(がくしゅうび)　月(がつ)　日(にち)

♪音声(おんせい)はここから聞(き)けるよ。

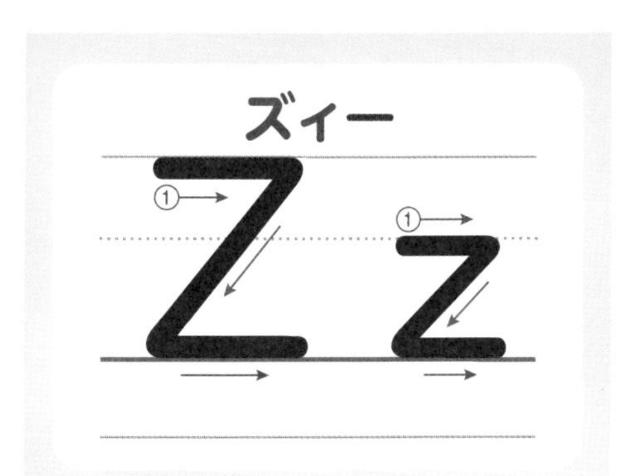

ズー
zoo
（どうぶつ園(えん)）

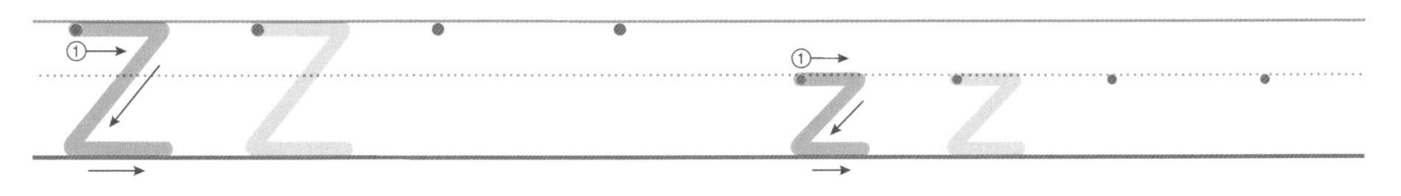

MISSION（ミッション）

れい のように、①～⑥のたんごをよこに書(か)こう。□の文字(もじ)をたてに読(よ)むと何(なん)のたんごが出(で)てくるかな。

れい
サカァ
soccer
（サッカー）

ズィップ
①**zip**
（ジッパー）

れい			s	o	c	c	e	r
①								
②								
③								
④								
			m					
⑤								
			l					
⑥								

ヤット
②**yacht**
（ヨット）

ズィーブラ
④**zebra**
（シマウマ）

ファックス
③**fox**
（キツネ）

スィックス
⑤**six**
（6）

イェス
⑥**yes**
（はい）

A～Z／a～zのまとめ

MISSION
A～Zまで、じゅんに線でつなごう。
音声を聞いて、ABCの歌を歌おう。

大文字のＡ ～Ｚ、小文字のａ ～ ｚを、それぞれアルファベット順に結ぶと、キャラクターが現れます。ABCの歌を歌いながら文字を指さして、順番を楽しく覚えましょう。ABCの順番は、辞書を引くときなどに役立ちます。

学習日　　月　　日

♪音声はここから聞けるよ。

MISSION

a ～ z まで、じゅんに線でつなごう。

♪音声を聞いて、ABC の歌を歌おう。

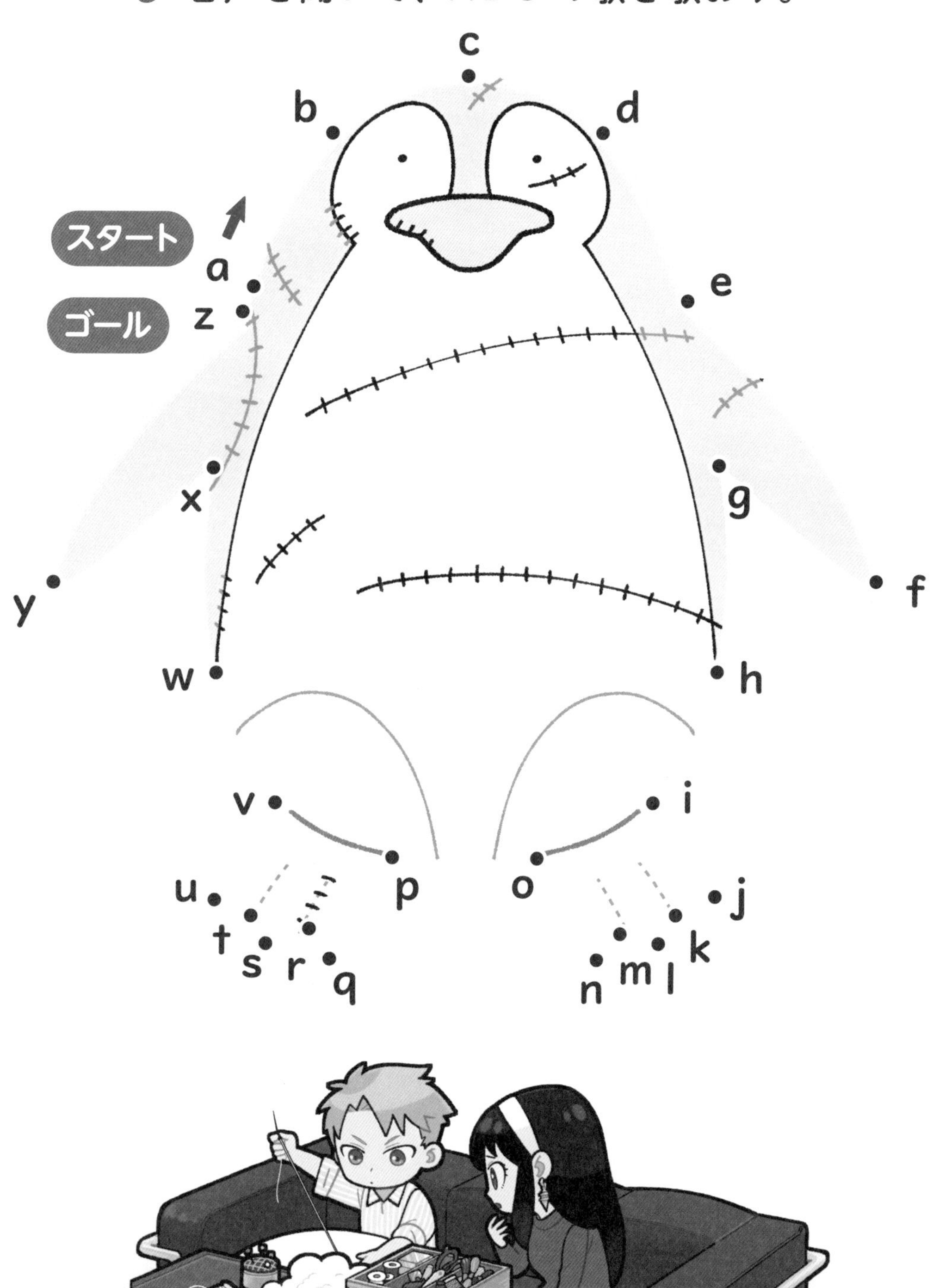

食べもの・のみもの

♪音声を聞いて、食べもの・のみものの名前を英語で言ってみよう。

MENU

ピーツァ
①pizza
（ピザ）

パンケイクス
②pancakes
（パンケーキ）

スパゲティ
③spaghetti
（スパゲッティ）

フレンチ　フライズ
④French fries
（フライドポテト）

サラド
⑤salad
（サラダ）

ピーナツ
⑥peanuts
（ピーナッツ）

ヂュース
⑦juice
（ジュース）

ハット　チャコレト
⑧hot chocolate
（ココア）

コフィ
⑨coffee
（コーヒー）

おうちのかたへ

ここからは単語をジャンルごとに紹介します。表現も一緒に覚えましょう。おうちのかたが「What do you want？(何が欲しいの?)」とたずね、お子さんが「I want pancakes.(パンケーキが欲しい。)」のように答えます。pancakesを他の語にかえて練習しましょう。

学習日(がくしゅうび)　月(がつ)　日(にち)

♪音声(おんせい)はここから聞(き)けるよ。

♪ シール ヨル、アーニャ、ロイドは、何(なに)を注文(ちゅうもん)しようとしているかな？
左(ひだり)ページに、注文(ちゅうもん)した人(ひと)のかおのシールをはろう。

スパゲティ spaghetti	パンケイクス pancakes	ピーツァ pizza
サラド salad	ピーナツ peanuts	フレンチ フライズ French fries
ヂュース juice	ハット チャコレト hot chocolate	コフィ coffee

アイ ワント パンケイクス
I want pancakes.
(わたしは パンケーキ がほしいです。)

どうぶつ

♪音声を聞いて、どうぶつの名前を英語で言ってみよう。

✎ ＿＿＿の英語をなぞろう。

♪上のどうぶつを見ながら、
▭ にどうぶつの名前を入れて、言ってみよう。

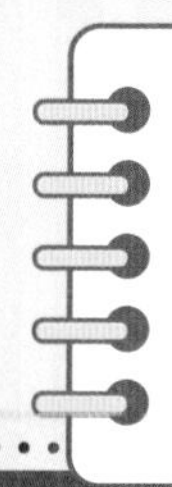

おうちのかたへ

単語の音声は①から順番に読まれます。動物の名前を一通り言えたら、牧場の動物を指さしながら「Look at the cow.（牛を見て。）」のように文の形で話しましょう。30〜31ページに出てくる色を使って「It's black and white.（黒と白だね。）」のように言うこともできます。

学習日　　月　　日

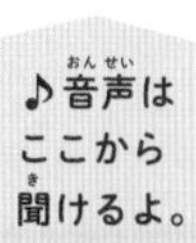

♪音声はここから聞けるよ。

♪音声を聞いて、どうぶつの名前を英語で言ってみよう。

エレファント
elephant
（ゾウ）

コウアーラ
koala
（コアラ）

ライオン
lion
（ライオン）

パンダ
panda
（パンダ）

タイガァ
tiger
（トラ）

スタートから出発して、すべてのどうぶつを通ってゴールまで行こう。

koala

elephant

lion

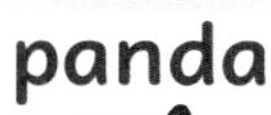

panda

tiger

色

♪音声を聞いて、色の名前を英語で言ってみよう。

✎ふうせんとアーニャのかみの毛に色をぬろう。

 **おうちのかたへ** 

好きな色をたずねる場面では、最初はおうちのかたがお子さんに「What color do you like?（あなたは何色が好き?）」とたずねます。お子さんが好きな色を答えたら、今度はお子さんに「わたしにも質問して!」と言って、役割を交代するといいですね。

学習日（がくしゅうび）　月（がつ）　日（にち）

♪音声（おんせい）はここから聞（き）けるよ。

がんばったね! シールをはろう。

♪音声（おんせい）を聞（き）いて、色（いろ）の名前（なまえ）を英語（えいご）で言（い）ってみよう。
ものの色（いろ）とあうように、●と●を線（せん）でつなごう。

ワイト
①white
（白（しろ））

ブラウン
②brown
（茶色（ちゃいろ））

ブラック
③black
（黒（くろ））

オレンジ
④orange
（オレンジ）

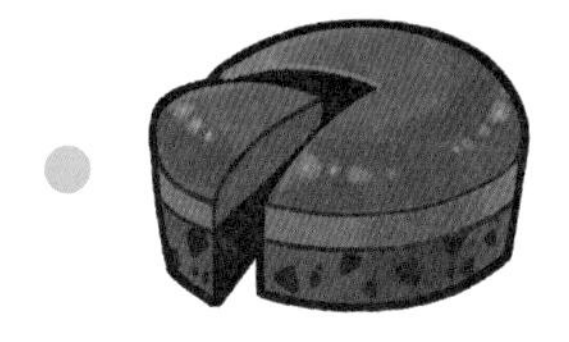

♪ □に色（いろ）の名前（なまえ）を入（い）れて、【しつもん】にこたえよう。

【しつもん】
ワット　カラァ　ドゥー　ユー　ライク
What color do you like?
（あなたは何色（なにいろ）がすきですか。）

アイ ライク　ピンク
I like pink **.**
（わたしは ピンク がすきです。）

数字

♪ 音声を聞いて、数字を英語で言ってみよう。

✎ ＿＿＿ の英語をなぞろう。

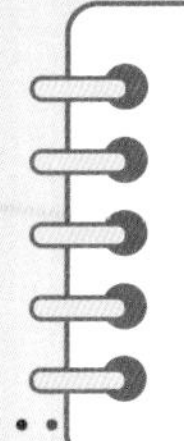

おうちのかたへ

「Let's count together!（一緒に数えよう!）」と言って、数字の横にあるものを一緒に数えましょう。例えば、hatを指して「One, two, three.」のように数えます。年齢を言うときは、おうちのかたが「How old are you?（あなたは何才ですか?）」とたずねてもいいですね。

学習日（がくしゅうび）　月（がつ）　日（にち）

♪音声（おんせい）はここから聞（き）けるよ。

セヴン
seven

エイト
eight

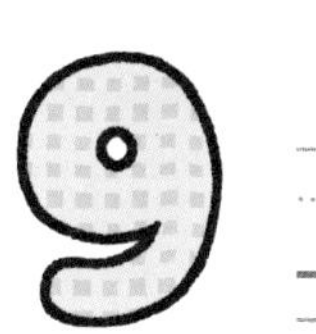

ナイン
nine

テン
ten

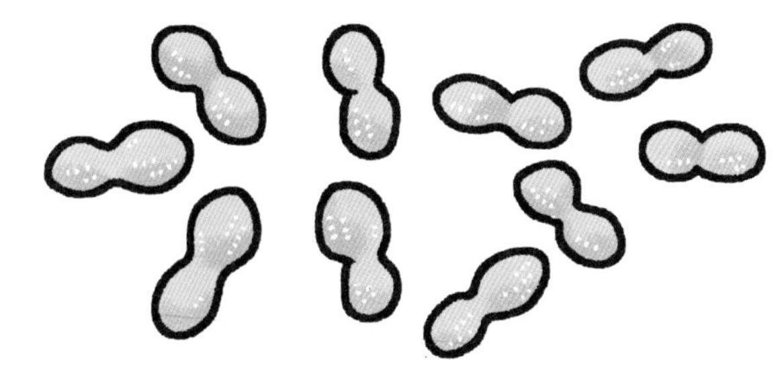

あなたの年（とし）を ＿＿＿ に書（か）いてから、英語（えいご）で言（い）ってみよう。

アイム　　　　イアズ　オウルド
I'm ＿＿＿＿ years old.

（わたしは □ 才（さい）です。）

みのまわりのもの

♪音声を聞いて、みのまわりのものの名前を英語で言ってみよう。

✎ ＿＿ の英語をなぞろう。⑤～⑦、⑪～⑬は
ものと英語があうように、●と●を線でつなごう。

おうちのかたへ

まず、おうちのかたが「Where is the ○○?（○○はどこですか?）」とたずね、お子さんは見つけたものを指さしながら「Here!（ここだよ!）」と答えます。慣れてきたら、お子さんにも「Where is the ○○?」と聞いてもらい、相互にやりとりしてみましょう。

学習日　月　日

♪音声はここから聞けるよ。

♪フランキーに聞かれているものをさがして、ゆびさそう。

ウェアリズ　ザ　ニューズペイパァ
Where is the newspaper ?
（しんぶん はどこですか。）

ウェアリズ　ザ　ブック
Where is the book ?
（本 はどこですか。）

みにつけるもの・おやつ

♪ベッキーがデパートで、アーニャのようふくをえらんでいるよ。
音声を聞いて、みにつけるものの名前を英語で言ってみよう。

✎ベッキーがすきなものの□に○をつけよう。

アイ ライク　ズィス　コウト
I like this coat.
（わたしはこのコートがすきです。）

アイ ライク　ズィス　ハット
I like this hat.
（わたしはこのぼうしがすきです。）

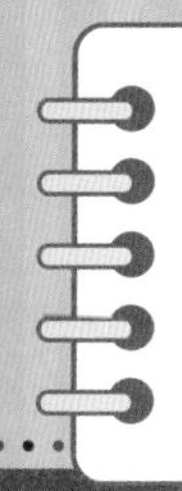

「What's this?（これは何？）― It's tea.（紅茶です。）」や「Is this cake delicious?（このケーキはおいしい？）― Yes, it's delicious.（はい、おいしいです。）」のように楽しくやりとりしましょう。

学習日　月　日

♪音声はここから聞けるよ。

がんばったね！シールをはろう。

♪アーニャとベッキーがおやつを楽しんでいるよ。
音声を聞いて、英語で言ってみよう。

＿＿＿の英語をなぞろう。

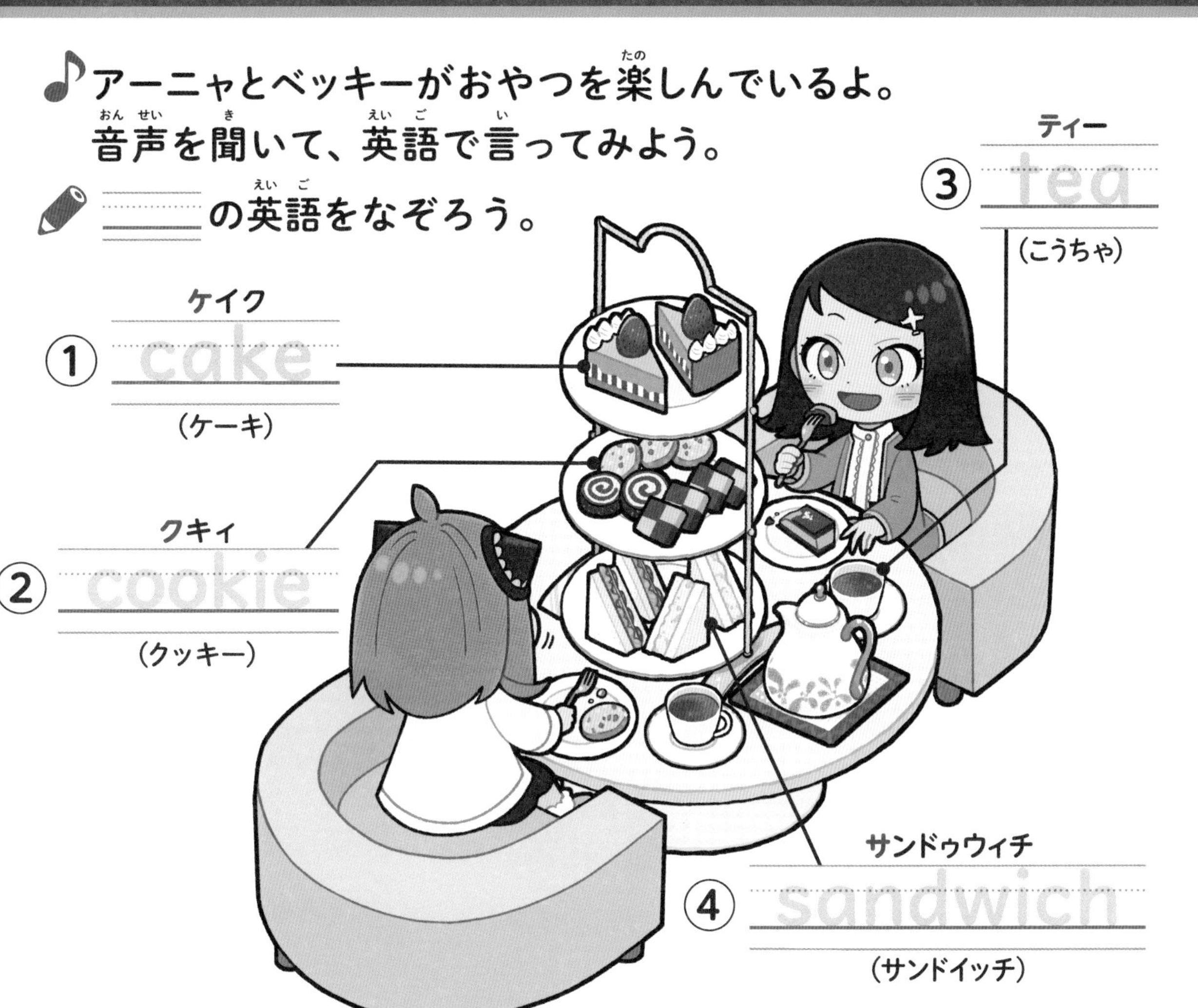

♪アーニャになったつもりで、上の絵の中のものをゆびさして言ってみよう。

イツ　ディリシャス
It's delicious.（それはとてもおいしいです。）

イツ　スウィート
It's sweet.
（それはあまいです。）

イツ　ハット
It's hot.
（それはあついです。）

気持(きも)ち・じょうたい

♪ 音声(おんせい)を聞(き)いて、気持(きも)ち・じょうたいをあらわすことばを英語(えいご)で言(い)ってみよう。

シール にシールをはろう。

① happy (ハピィ)（しあわせな）

② sad (サッド)（かなしい）

③ fine (ファイン)（げんきな）

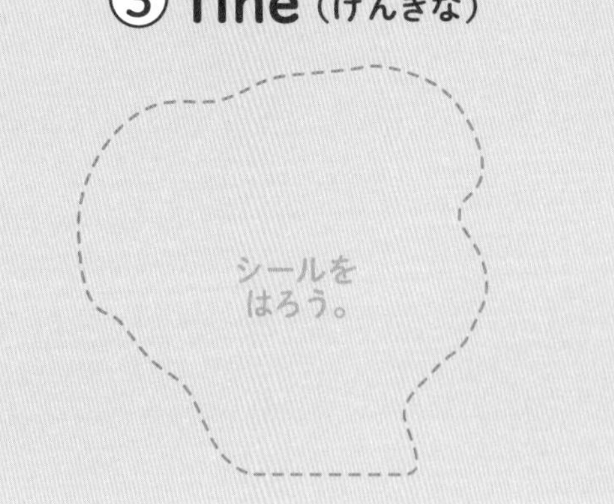

④ excited (イクサイティド)（とてもわくわくした）

⑤ sleepy (スリーピィ)（ねむい）

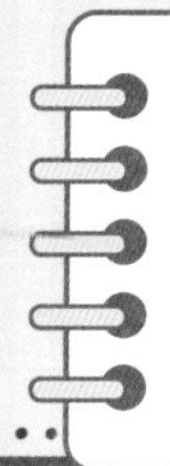

おうちのかたへ

おうちのかたが「How are you？(元気ですか?)」とたずねたら、お子さんはジェスチャーをつけて「I'm hungry.(おなかがすいた。)」などと答えましょう。役割を交代しながら楽しみましょう。

学習日　月　日

♪音声はここから聞けるよ。

がんばったね！シールをはろう。

ビズィ
⑥ **busy**（いそがしい）

タイアド
⑦ **tired**（つかれた）

ハングリィ
⑧ **hungry**（おなかがすいた）

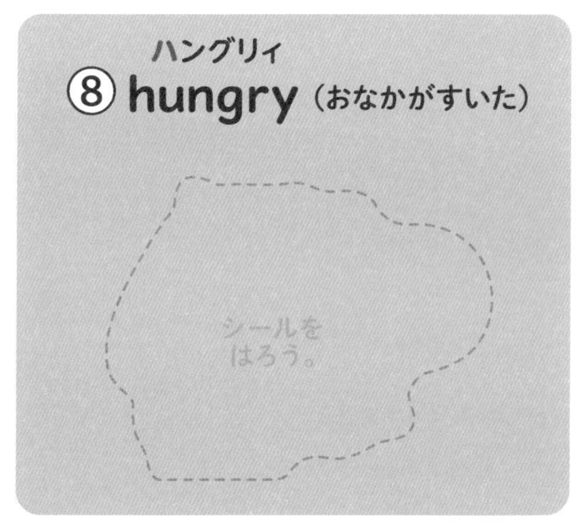

サースティ
⑨ **thirsty**（のどがかわいた）

♪ いまの自分の気持ち・じょうたいを、□にことばを入れて言ってみよう。

アイム　ファイン
I'm [**fine**].
（わたしは [げんき] です。）

たてもの

♪音声を聞いて、たてものの名前を英語で言ってみよう。

シール アーニャたちが行きたいところに、
それぞれのかおのシールをはろう。

アイ ワント トゥ ゴウ トゥ ザ キャスル
I want to go to the castle.
（わたしは しろに いきたいです。）

アイ ワント トゥ ゴウ トゥ ザ ディパートゥメント ストー
I want to go to the department store.
（わたしはデパートに行きたいです。）

アイ ワント トゥ ゴウ トゥ ザ ライブレリィ
I want to go to the library.
（わたしはとしょかんに行きたいです。）

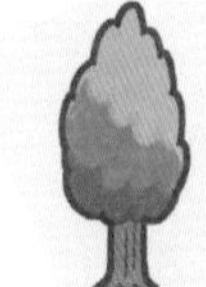

ミューズィアム
①museum
（はくぶつかん、びじゅつかん）

シールをはろう。

フラウア シャップ
②flower shop
（花屋）

シールをはろう。

パーク
③park
（こうえん）

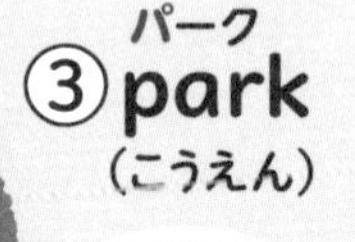

シールをはろう。

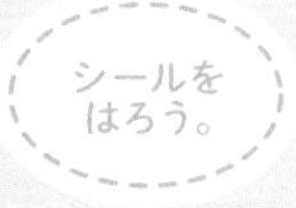

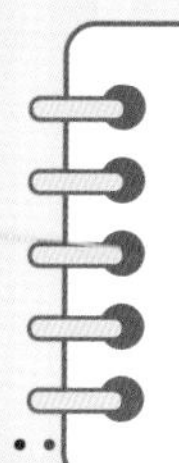

地図の上を歩くイメージで、出発地点から目的地まで、指でたどっていきましょう。十字路に来たら「Right？（右?）」「Left？（左?）」と聞いて、さらに道を進んでみてもよいですね。

日

♪音声はここから聞けるよ。

④ library（としょかん）

ライブレリィ

⑤ supermarket（スーパーマーケット）

スーパマーケト

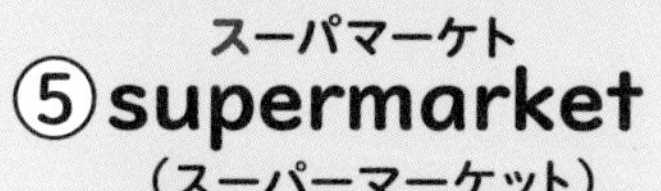

⑦ castle（しろ）

キャスル

⑧ restaurant（レストラン）

レストラント

⑥ hospital（びょういん）

ハスピトゥル

シールをはろう。

⑩ department store（デパート）

ディパートゥメント ストー

シールをはろう。

⑨ bookstore（書店）

ブクストー

シールをはろう。

●シールをはらないたてものもあるよ。

あいさつ

♪音声を聞いて、一日のあいさつを英語で言ってみよう。

✎絵があいさつとあうように、●と●を線でつなごう。

ゆうがた

グッド　モーニング
①Good morning.
（おはようございます。）

朝、午前

グッド　アフタヌーン
②Good afternoon.
（こんにちは。）

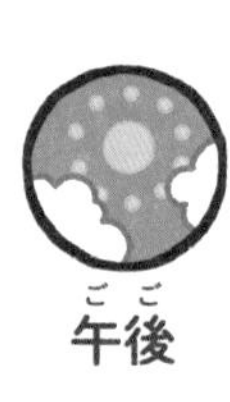

午後

グッド　イーヴニング
③Good evening.
（こんばんは。）

夜

グッド　ナイト
④Good night.
（おやすみなさい。）

おうちのかたへ

日常に英語のあいさつを取り入れてみましょう。「Good ○○.」のあいさつは時間帯により使い分けます。「Hi.」は「Hello.」よりもくだけたあいさつで、親しい間柄で使います。「Hi.」も「Hello.」も時間帯に関係なく使い、帰宅時に言うと「ただいま」の意味になります。

学習日  月  日

♪音声はここから聞けるよ。

がんばったね！シールをはろう。

♪音声を聞いて、あいさつを英語で言ってみよう。

✎ ＿＿＿ の英語をなぞろう。

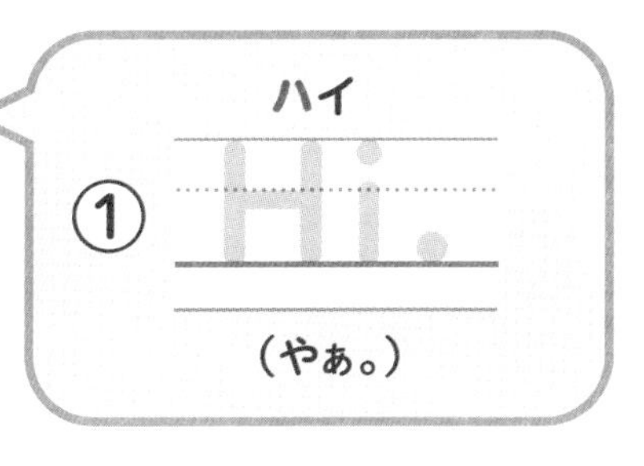

① ハイ
Hi.
（やぁ。）

② バイ
Bye.
（さようなら。）

③ アイム ソーリィ
I'm sorry.
（ごめんなさい。）

④ サンキュー
Thank you.
（ありがとう。）

さいしゅうオペレーション

自分の名前を書こう

すべてのワークをやりおえたら1ページめにステラ(星)シールをはろう!

れい にならって、みぎの【ローマ字表】を見て、あなたの名前を書こう。

れい

名前(ひなた)

Hinata

あなたの名前(　　　　　　　　　　　)

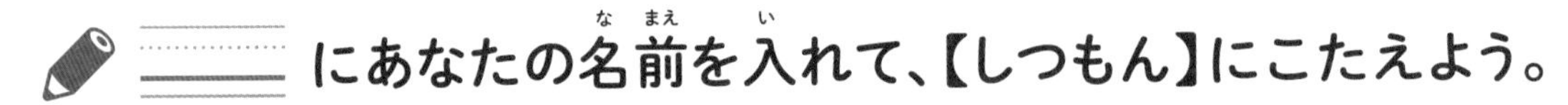

＿＿ にあなたの名前を入れて、【しつもん】にこたえよう。

【しつもん】

What's your name?

(あなたのなまえはなんですか。)

My name is ＿＿＿＿＿＿＿＿.

(わたしの名前は　　　　　　です。)

おうちのかたへ

下の表に書かれているのはヘボン式のローマ字です。パスポートに書く氏名や、地名、駅名などは、基本的にはヘボン式ローマ字が使われます。shi、chi、tsuなど、小学校の国語で習うローマ字とは異なるものもありますので注意してください。

学習日　　月　　日

♪音声はここから聞けるよ。

【ローマ字表（ヘボン式）】

a あ	i い	u う	e え	o お			
ka か	ki き	ku く	ke け	ko こ	kya きゃ	kyu きゅ	kyo きょ
sa さ	shi し	su す	se せ	so そ	sha しゃ	shu しゅ	sho しょ
ta た	chi ち	tsu つ	te て	to と	cha ちゃ	chu ちゅ	cho ちょ
na な	ni に	nu ぬ	ne ね	no の	nya にゃ	nyu にゅ	nyo にょ
ha は	hi ひ	fu ふ	he へ	ho ほ	hya ひゃ	hyu ひゅ	hyo ひょ
ma ま	mi み	mu む	me め	mo も	mya みゃ	myu みゅ	myo みょ
ya や		yu ゆ		yo よ			
ra ら	ri り	ru る	re れ	ro ろ	rya りゃ	ryu りゅ	ryo りょ
wa わ							
n ん							
ga が	gi ぎ	gu ぐ	ge げ	go ご	gya ぎゃ	gyu ぎゅ	gyo ぎょ
za ざ	ji じ	zu ず	ze ぜ	zo ぞ	ja じゃ	ju じゅ	jo じょ
da だ	ji ぢ	zu づ	de で	do ど	ja ぢゃ	ju ぢゅ	jo ぢょ
ba ば	bi び	bu ぶ	be べ	bo ぼ	bya びゃ	byu びゅ	byo びょ
pa ぱ	pi ぴ	pu ぷ	pe ぺ	po ぽ	pya ぴゃ	pyu ぴゅ	pyo ぴょ

つまる音（小さく書く「っ」）は、つぎの文字を重ねて書きます。
（れい）きっぷ→kippu　学校→gakko

こたえ

7ページ
スタート
ゴール

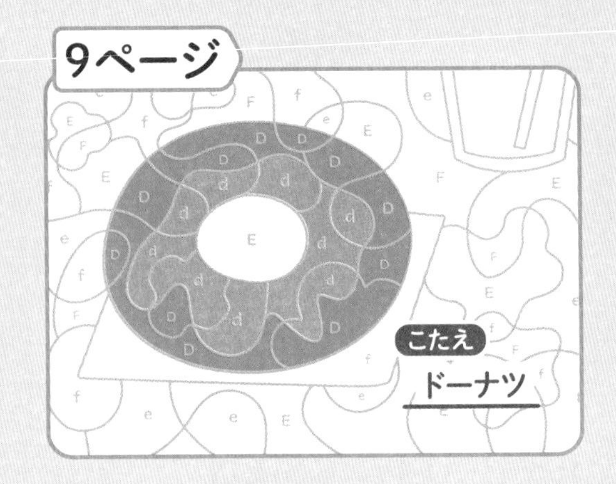

9ページ
こたえ
ドーナツ

11ページ
スタート
アイス クリーム
ice cream
（アイス クリーム）
ゴール

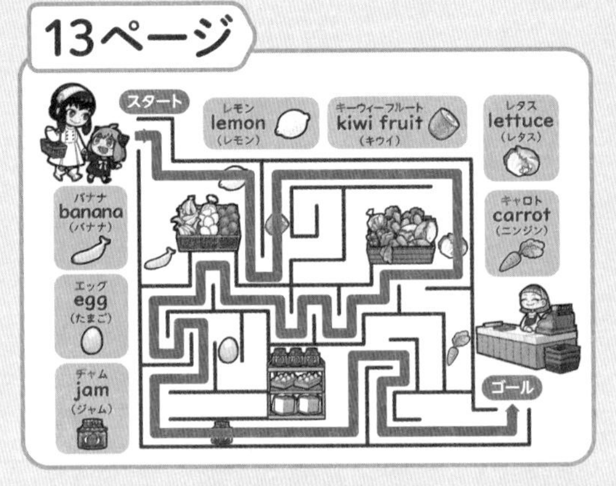

13ページ
スタート
レモン
lemon
（レモン）
キーウィーフルート
kiwi fruit
（キウイ）
レタス
lettuce
（レタス）
バナナ
banana
（バナナ）
キャロト
carrot
（ニンジン）
エッグ
egg
（たまご）
ヂャム
jam
（ジャム）
ゴール

15ページ
出てきたどうぶつの□に○をつけよう。
マンキィ
monkey
（サル）
マウス
mouse
（ハツカネズミ）

17ページ
ピアノウ
piano
（ピアノ）
クウィーン
queen
（女王）
アニョン
onion
（タマネギ）

19ページ
スタート
リヴァ
river
（川）
ゴール

21ページ
れい

23ページ

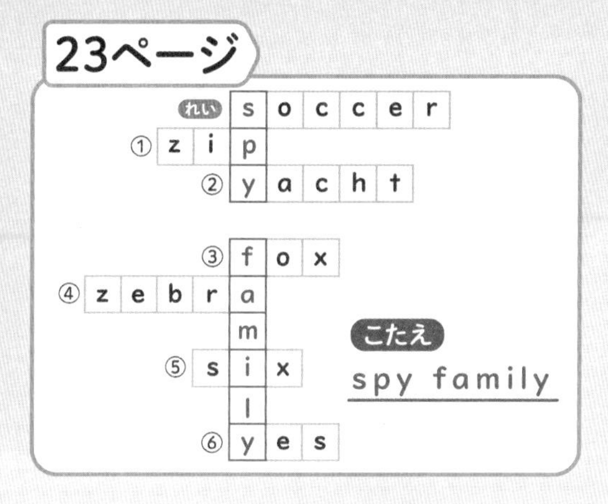

24・25ページ

26・27ページ

29ページ

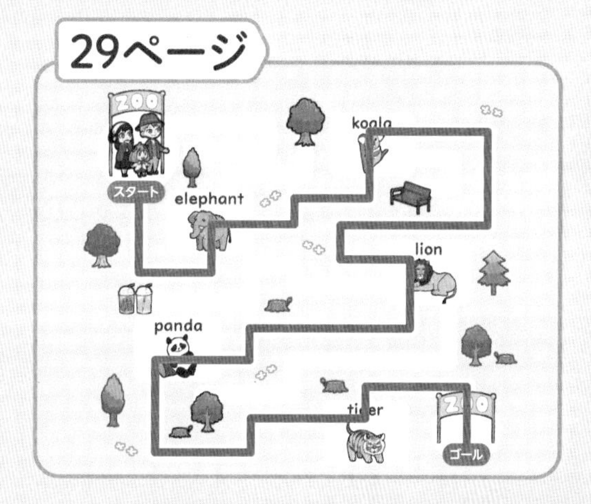

31ページ

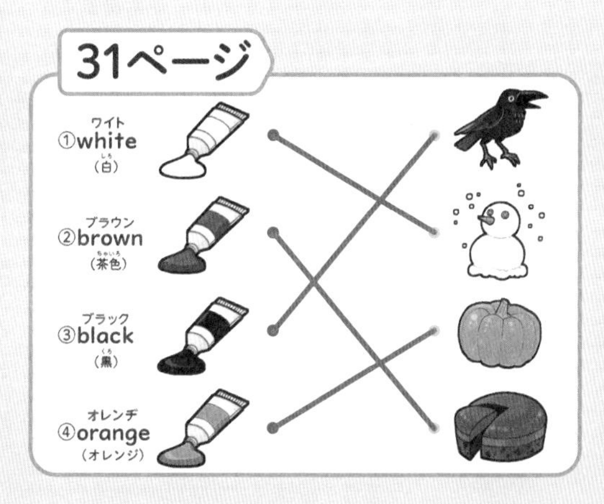

34・35ページ

36ページ

38・39ページ

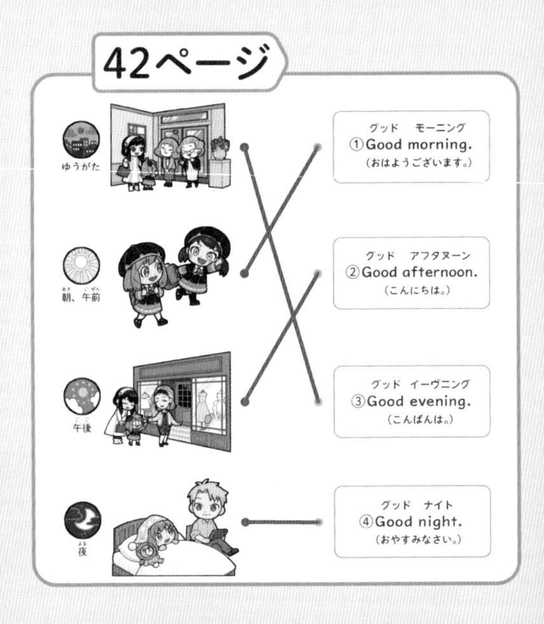

SPY×FAMILY（スパイファミリー）ワークブック　アーニャとはじめてのえいご

2023年12月20日　第1刷発行

キャラクター原作　遠藤達哉
監修　佐藤久美子（玉川大学名誉教授）
イラスト　ペキォ
編集　杉本聖子・嶋本トシ子（株式会社カルチャー・プロ）
編集協力　林士平・内田聡司（株式会社ミックスグリーン）
カバー・表紙デザイン　シマダヒデアキ・荒川絵利（ローカル・サポート・デパートメント）
本文デザイン　浅見ダイジュ・立野ひかる（&CAT）
音声制作　一般財団法人 英語教育協議会（ELEC）
ナレーション　Rumiko Varnes・Dario Toda

発行者　今井孝昭
発行所　株式会社　集英社
〒101-8050
東京都千代田区一ツ橋2丁目5番地10号
電話　【編集部】03-3230-6024
【読者係】03-3230-6080
【販売部】03-3230-6393（書店専用）
印刷・製本所　共同印刷株式会社

ISBN 978-4-08-288106-1 C8382　Printed in Japan